I0442777

Follow us

Karen.berford

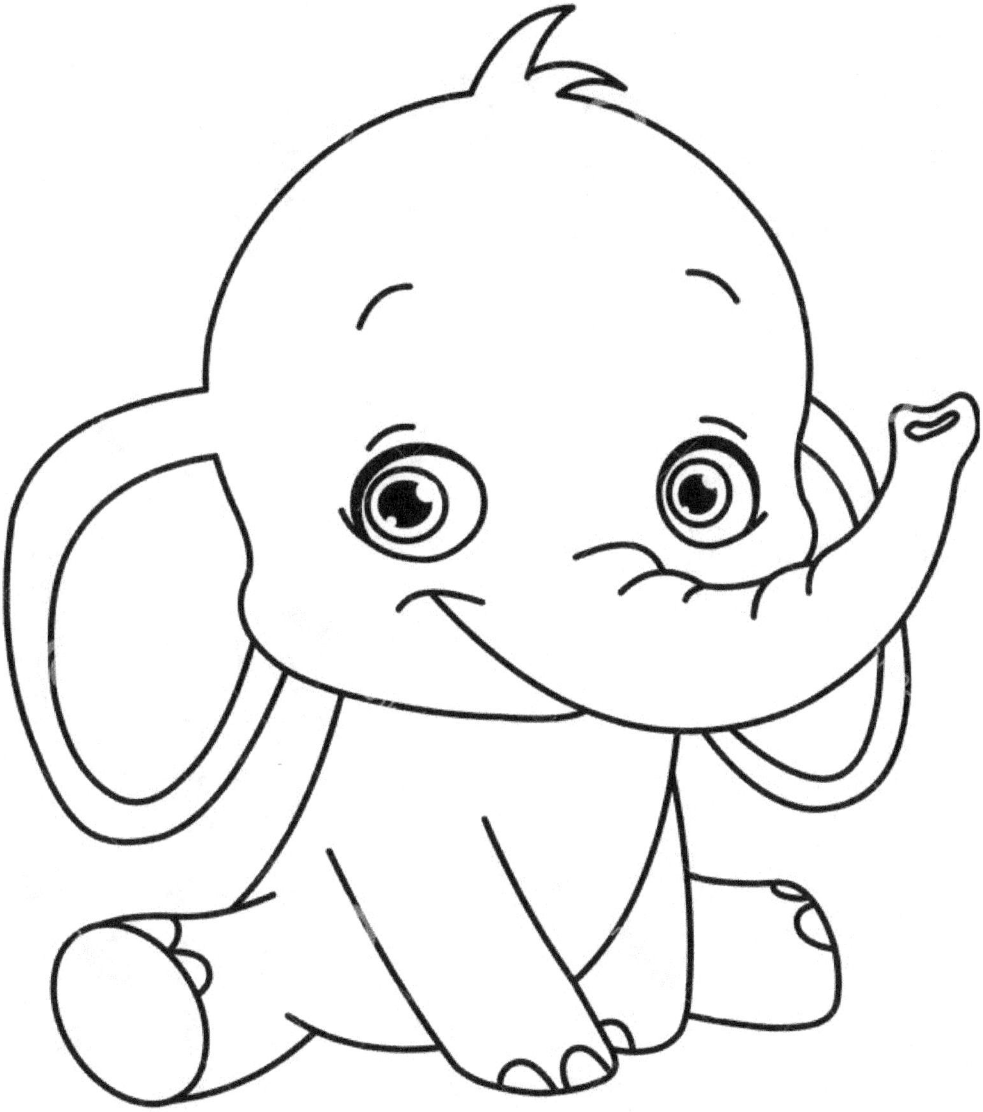

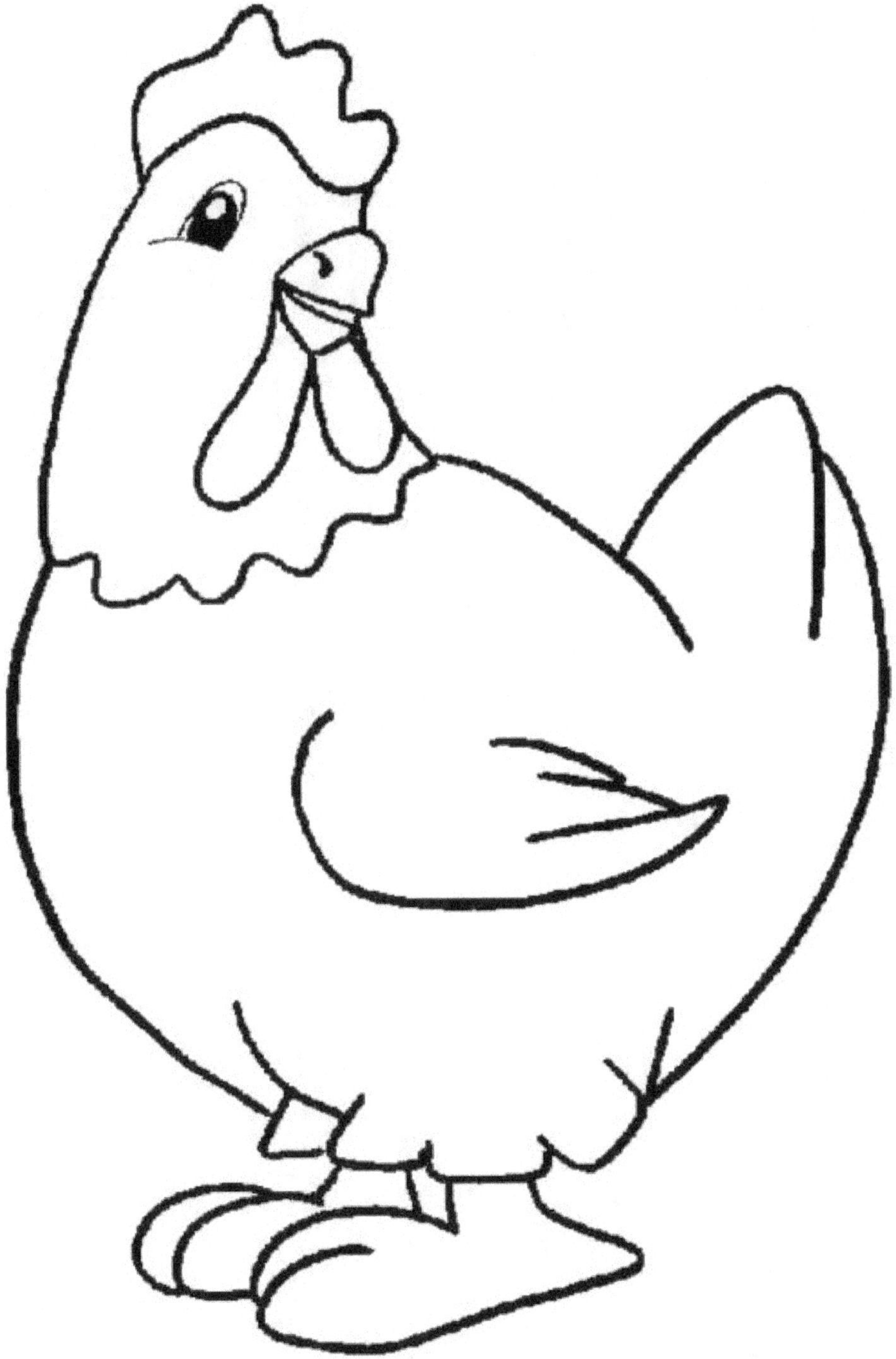

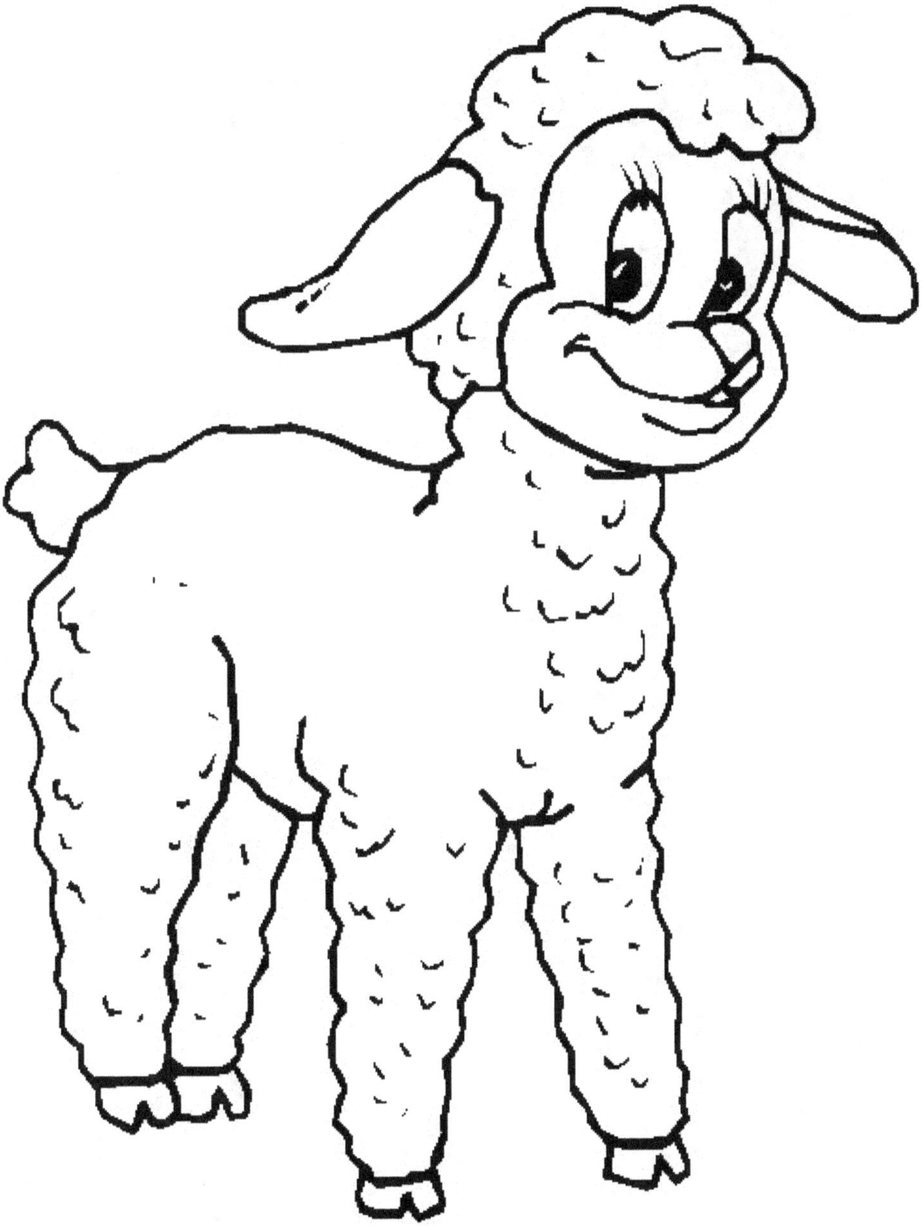

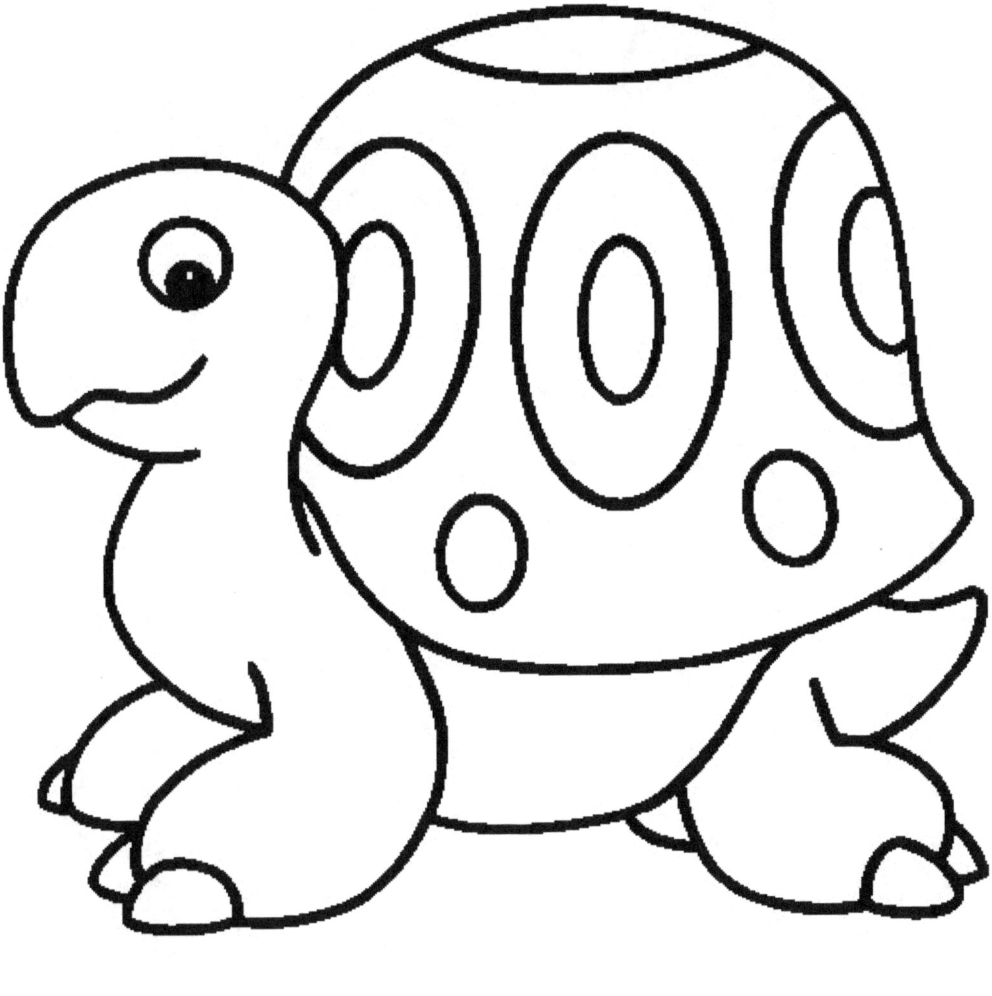

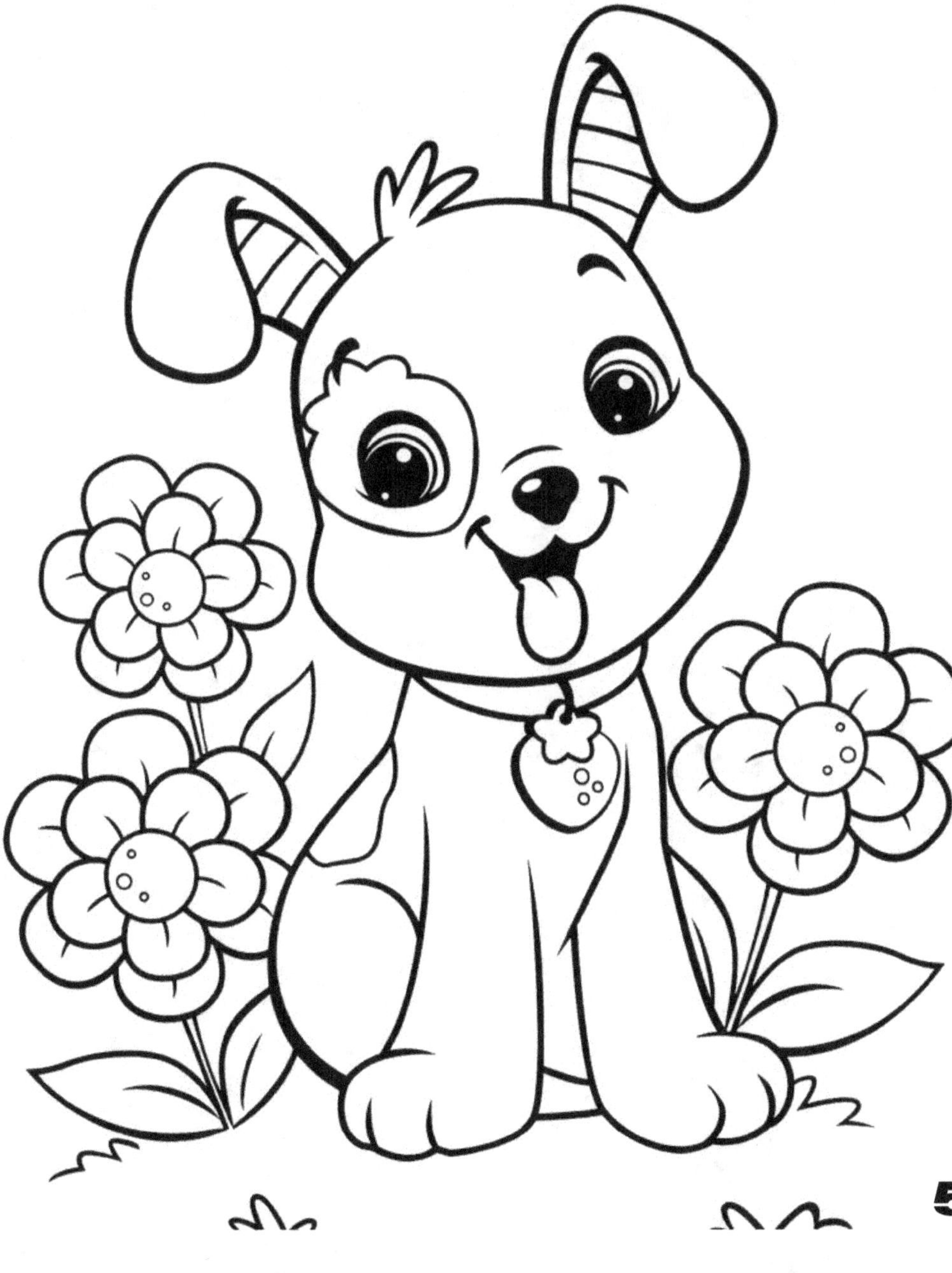

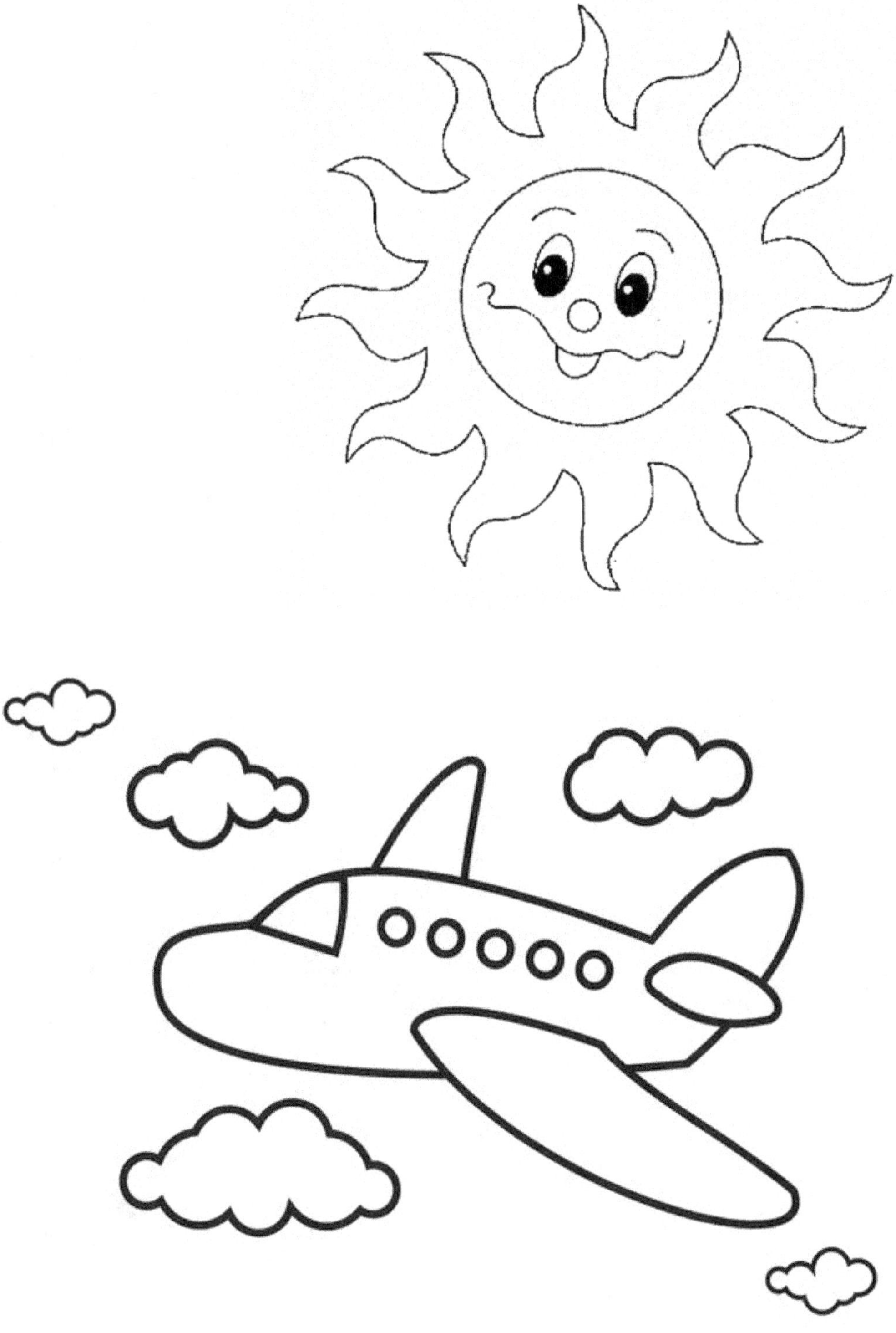

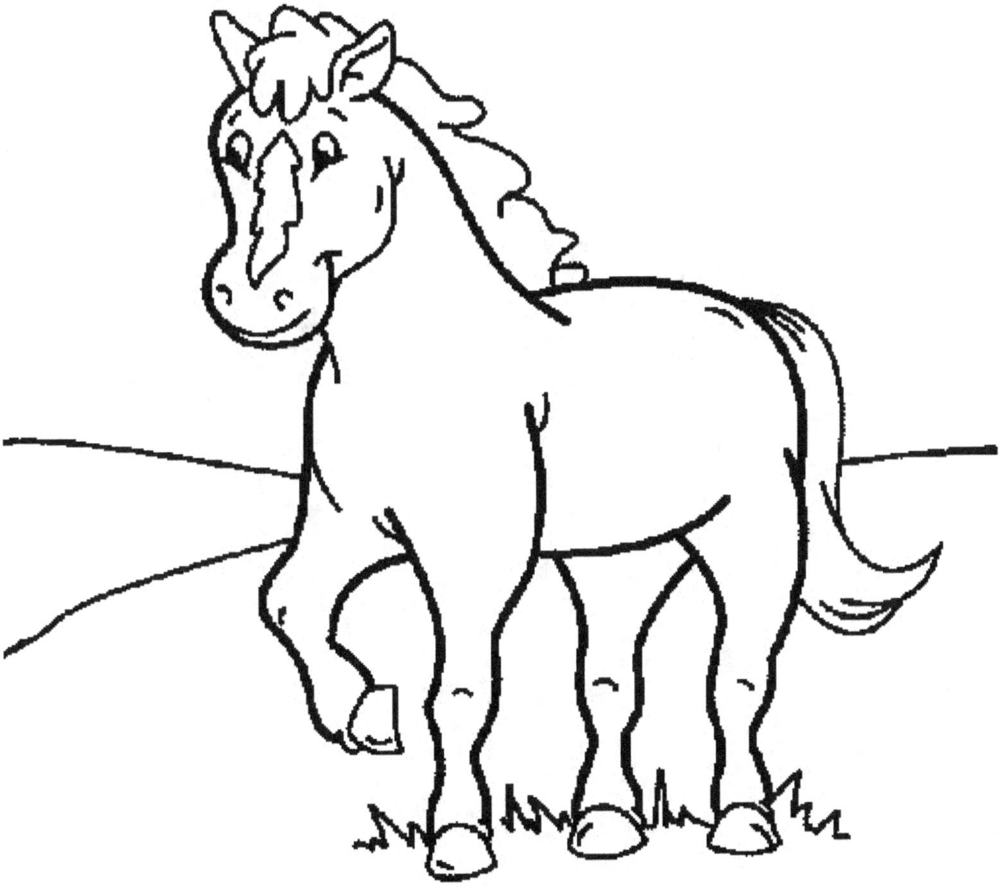

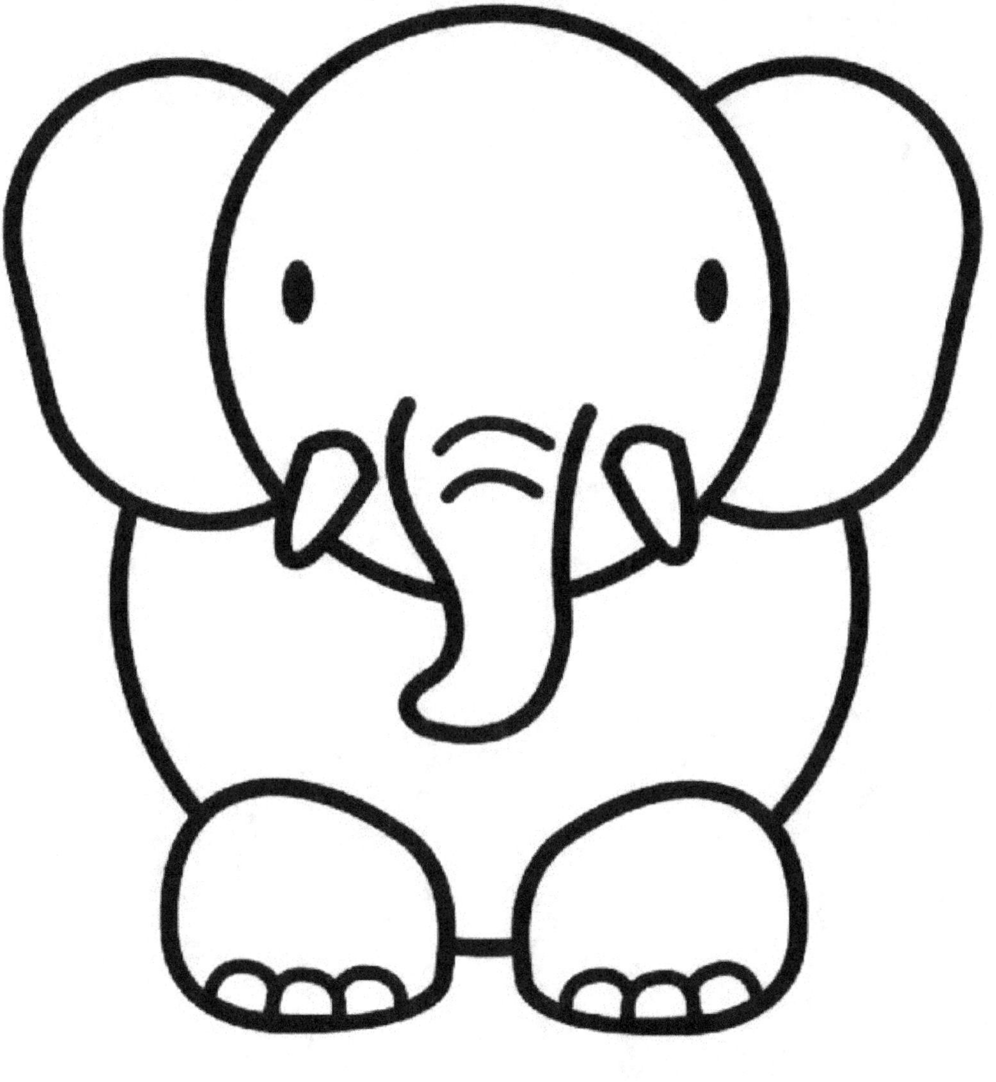

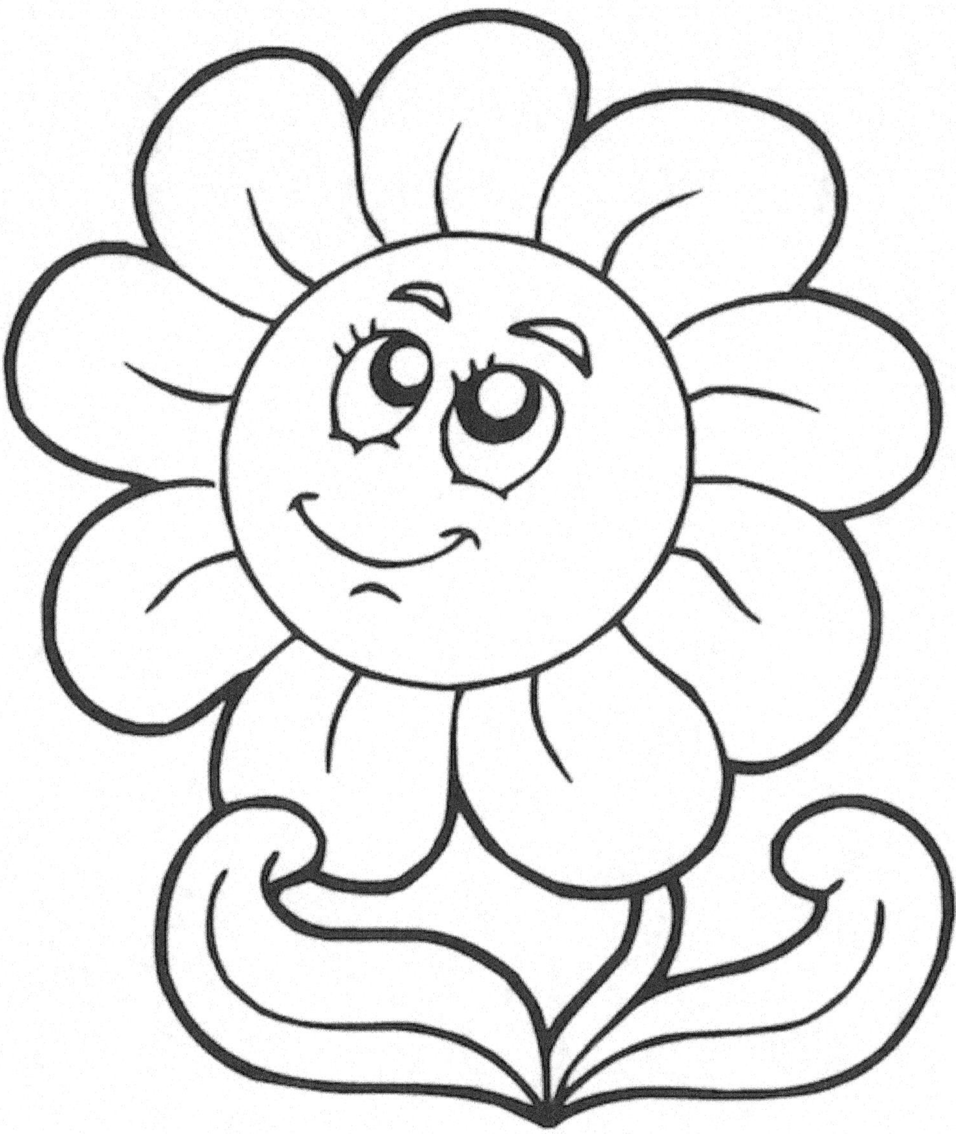

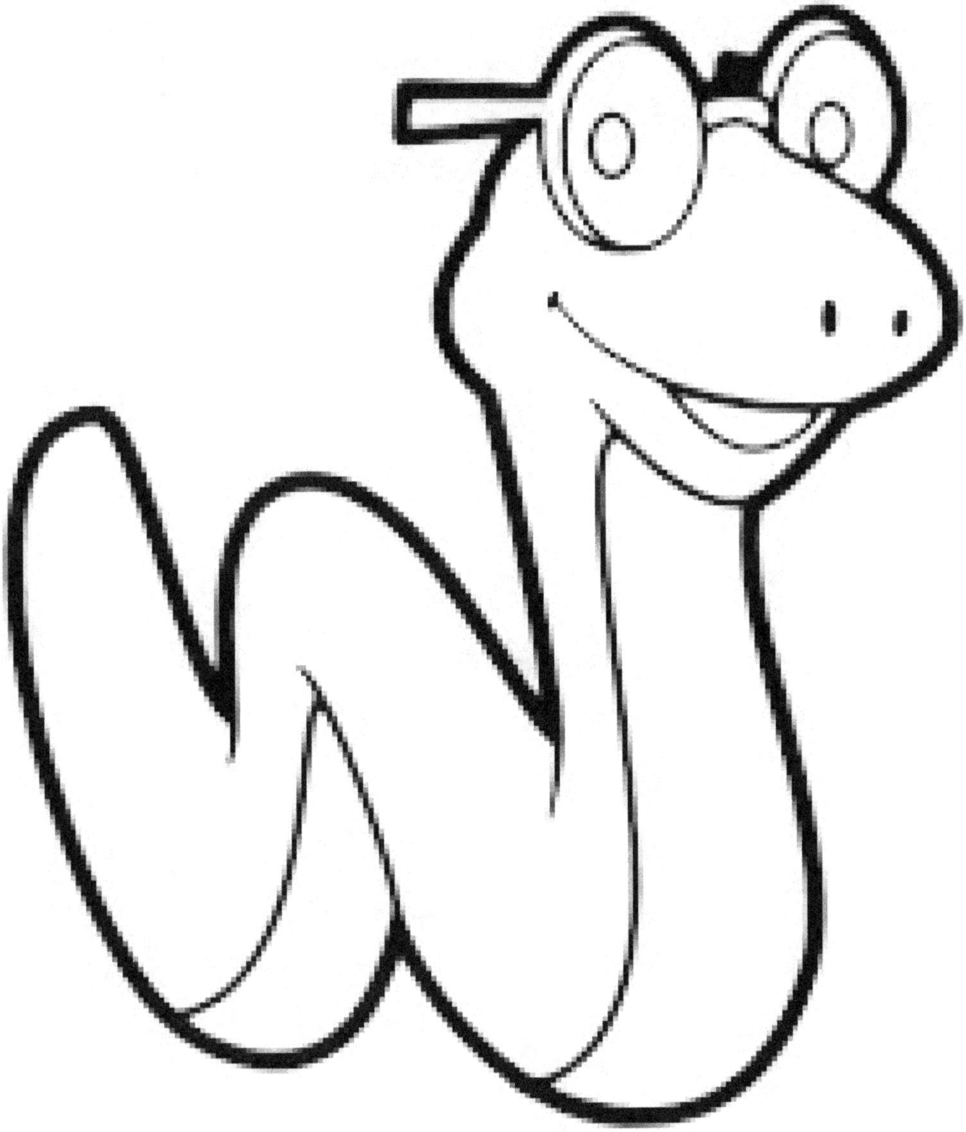

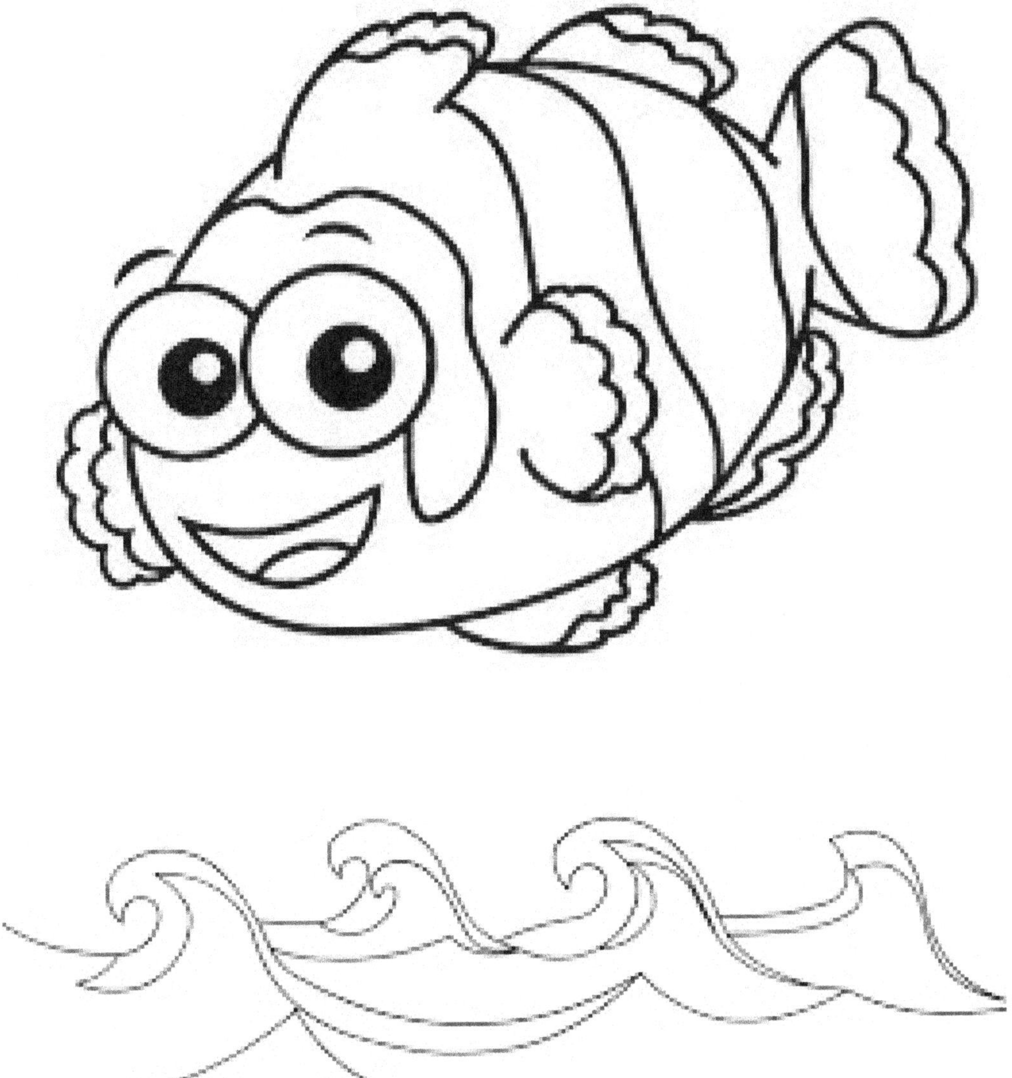

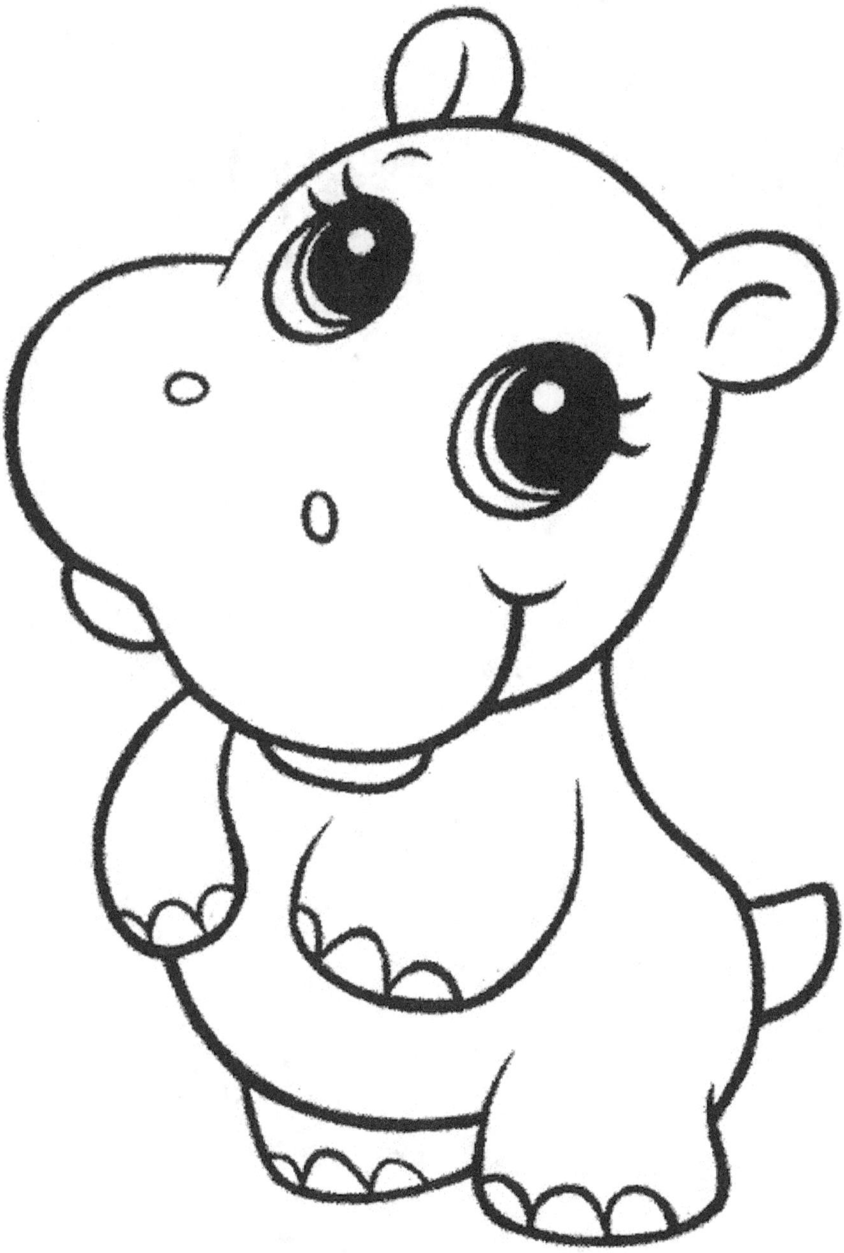

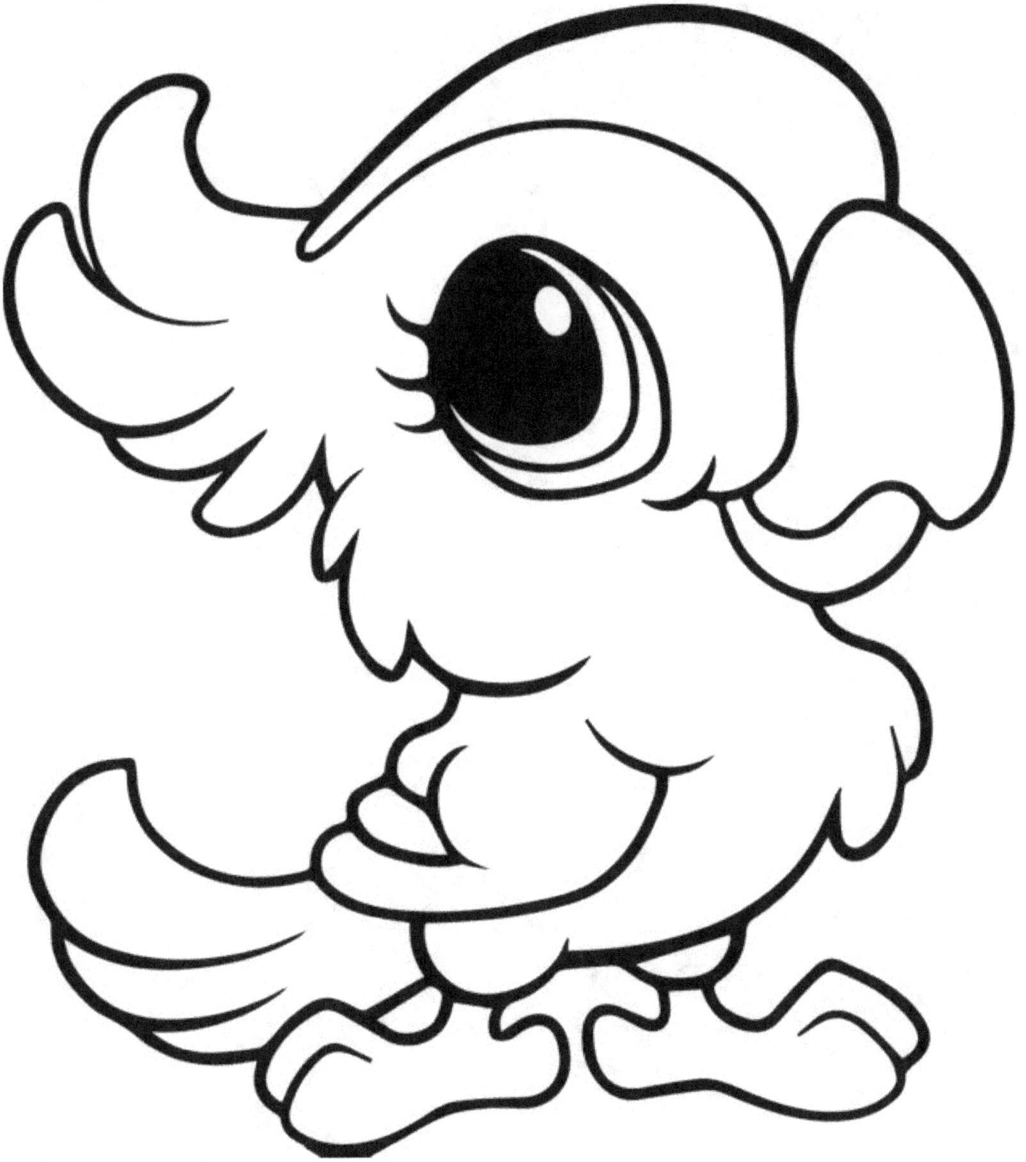

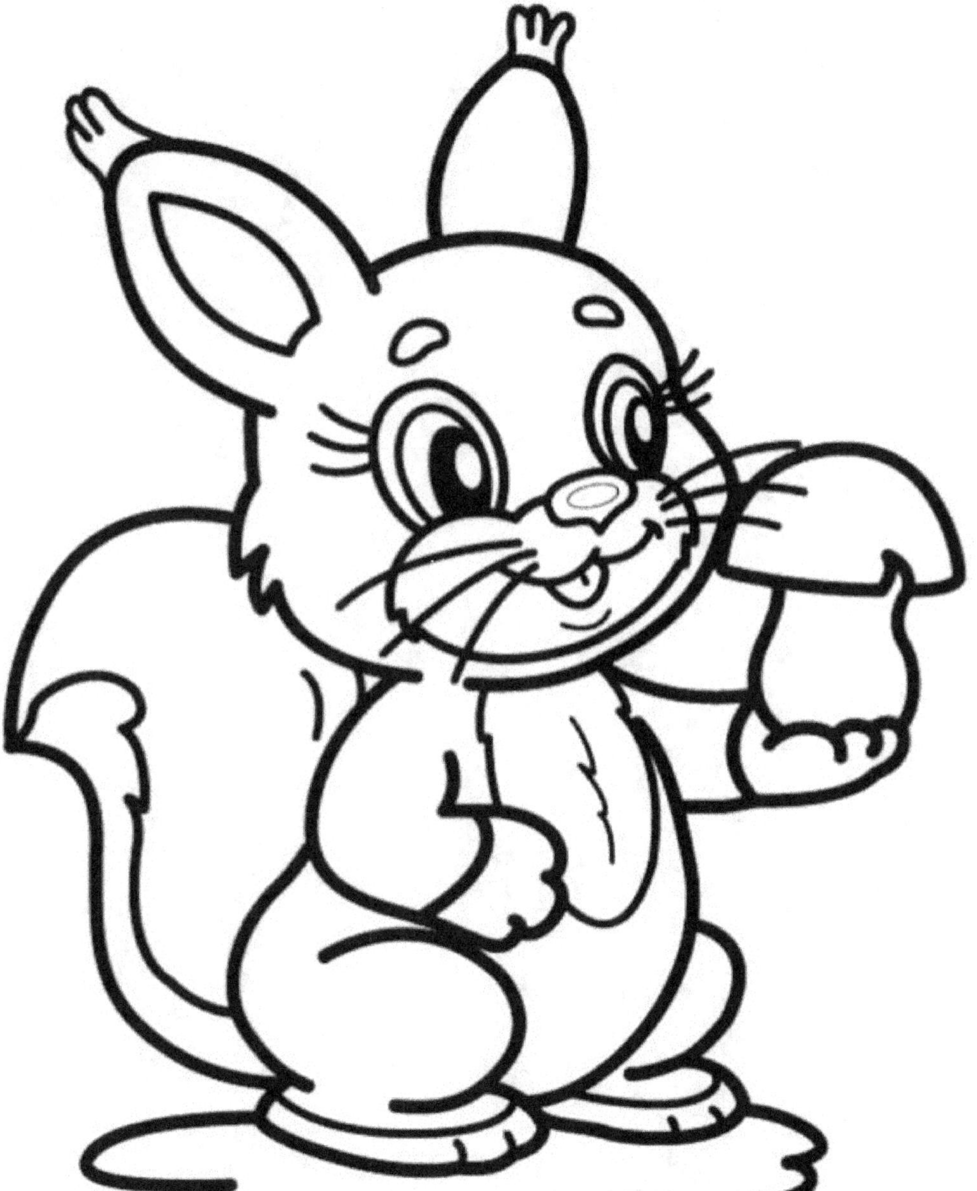

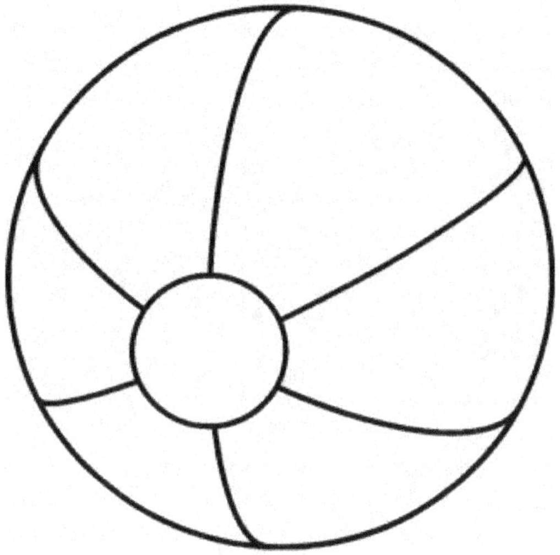

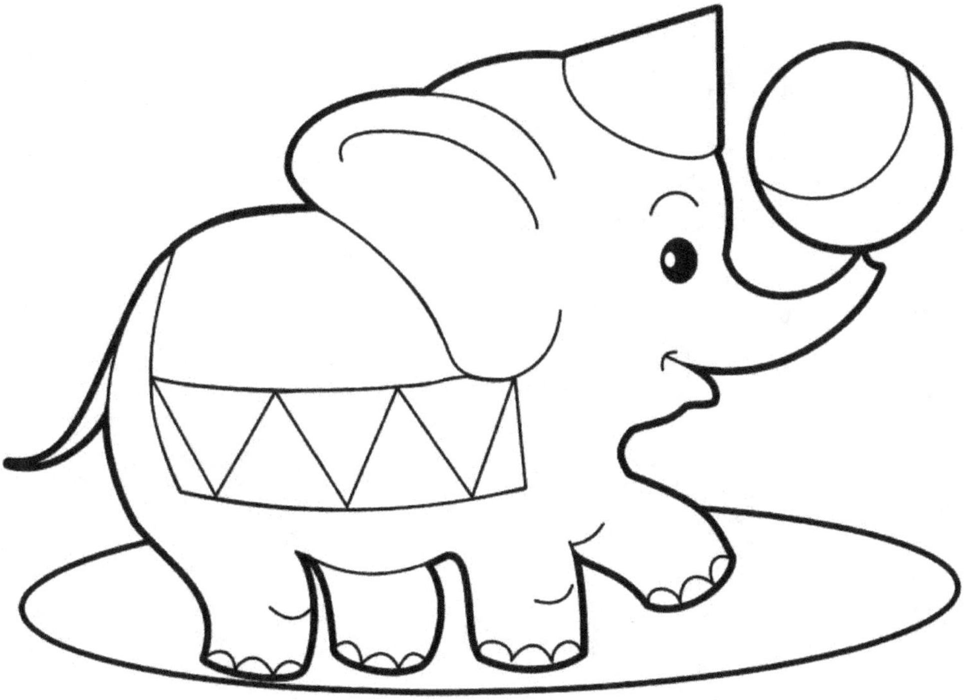

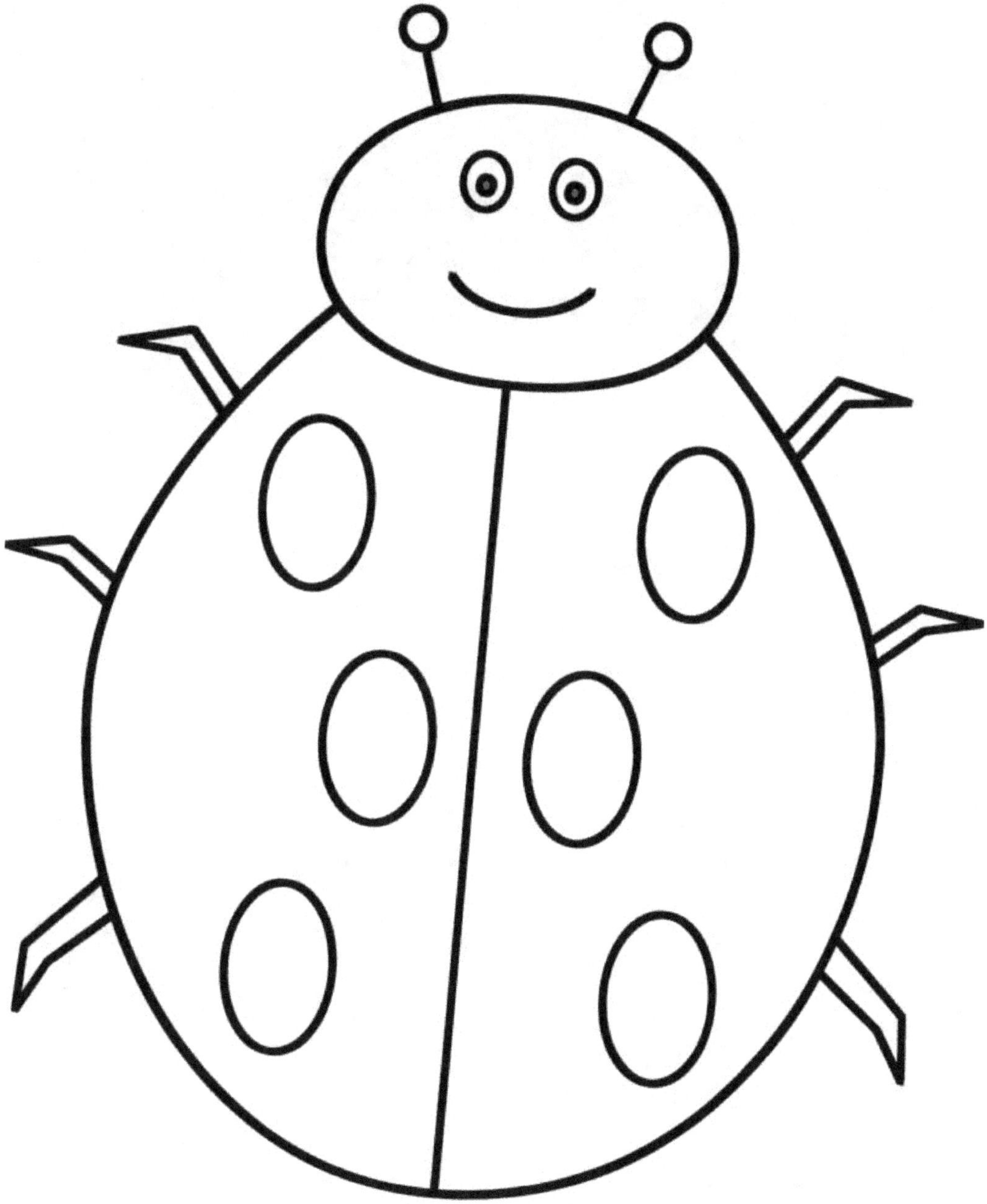

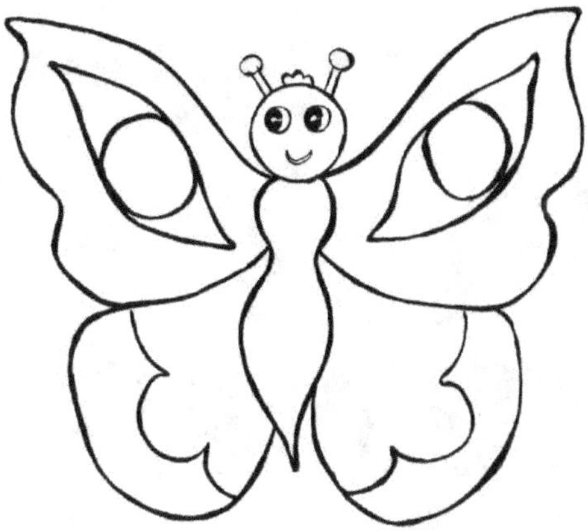

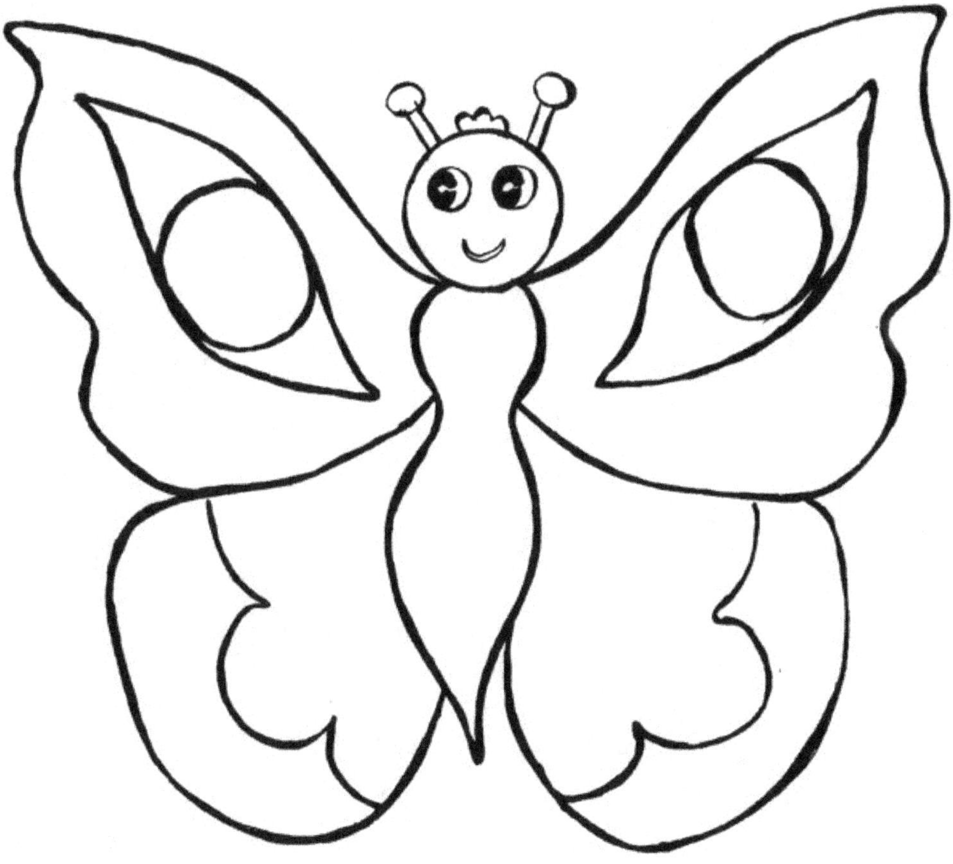

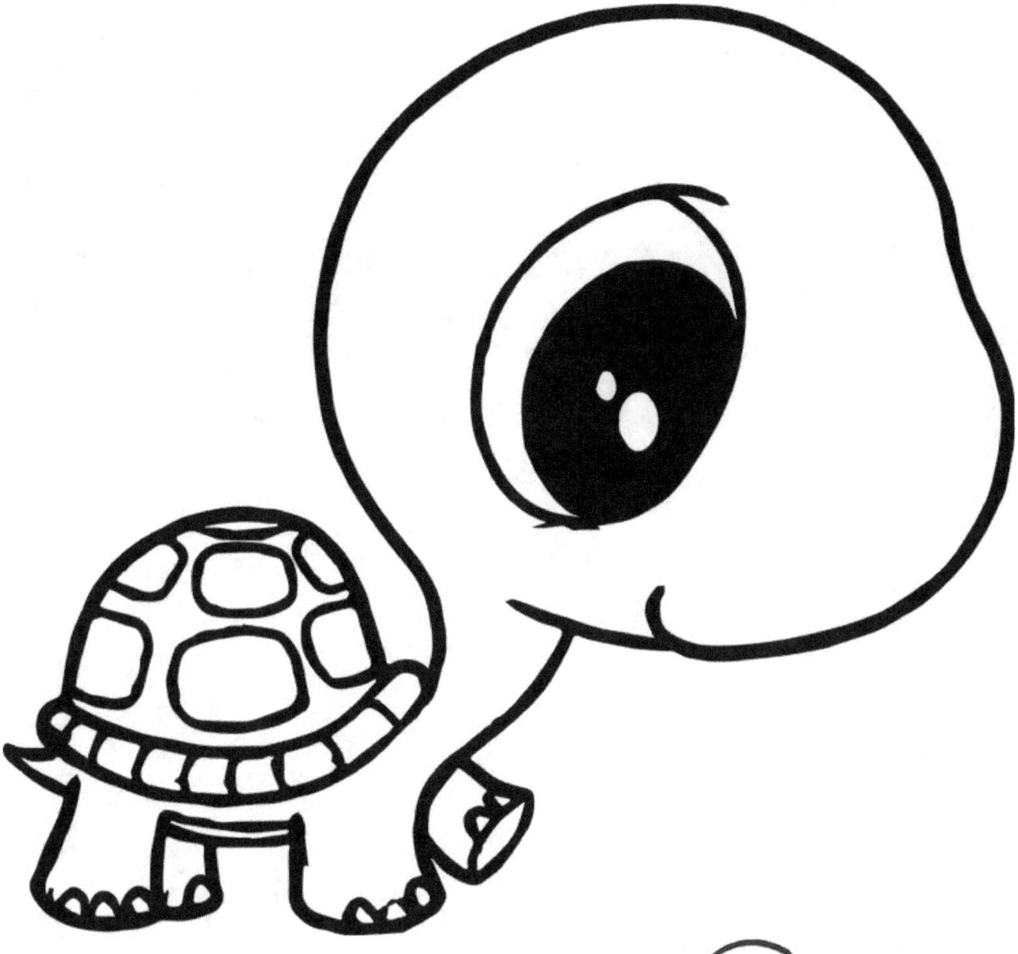

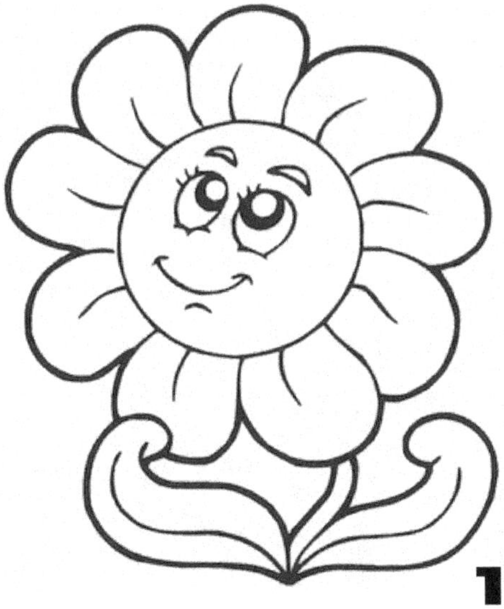

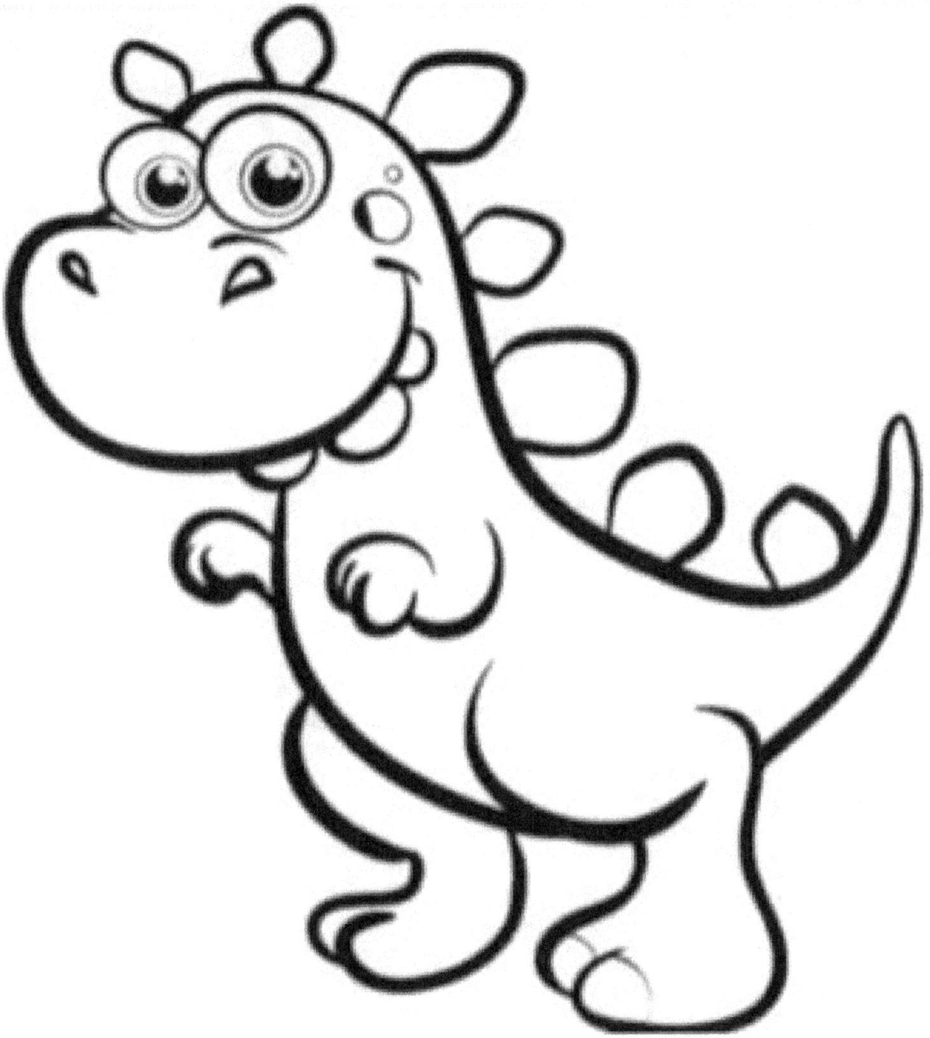

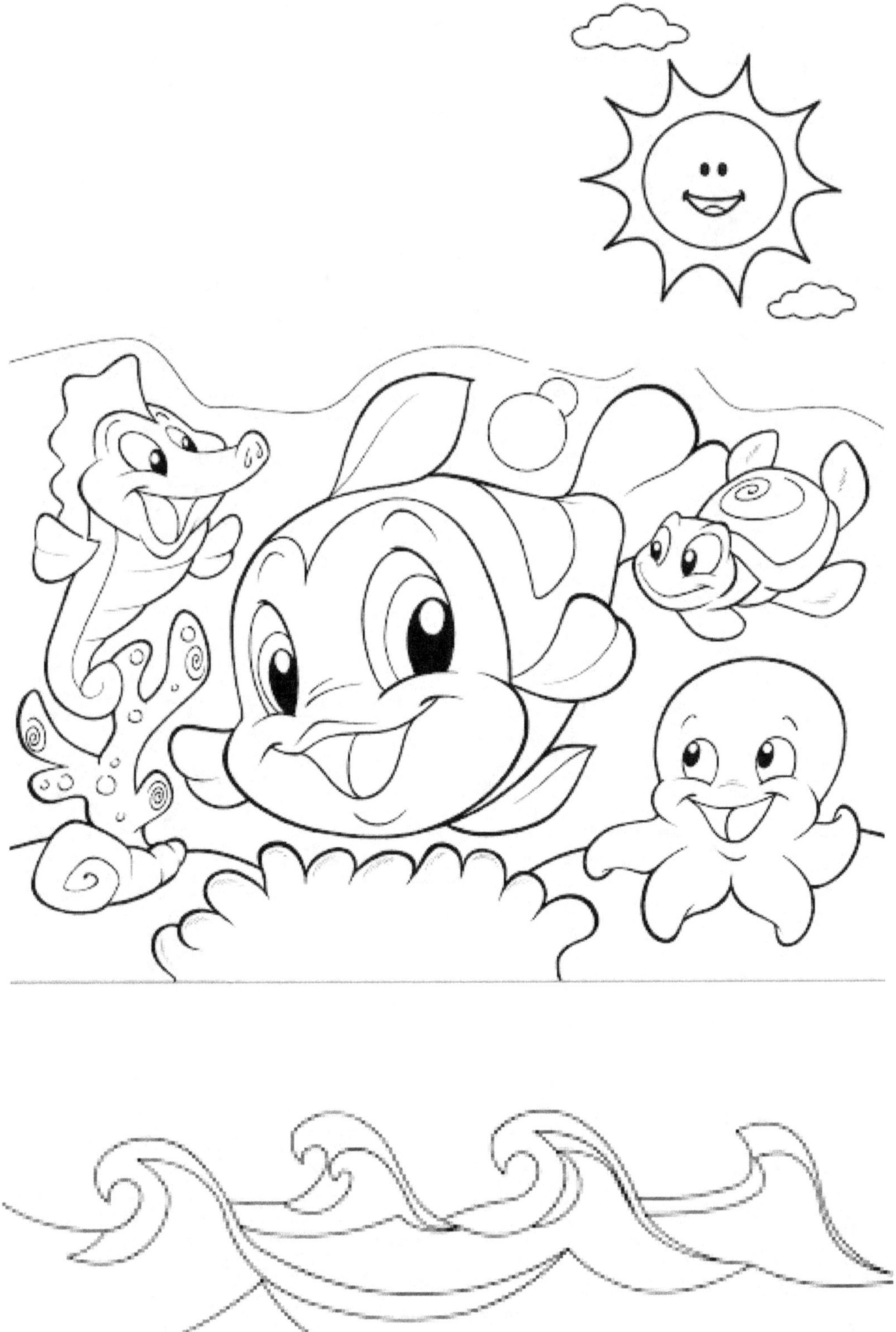

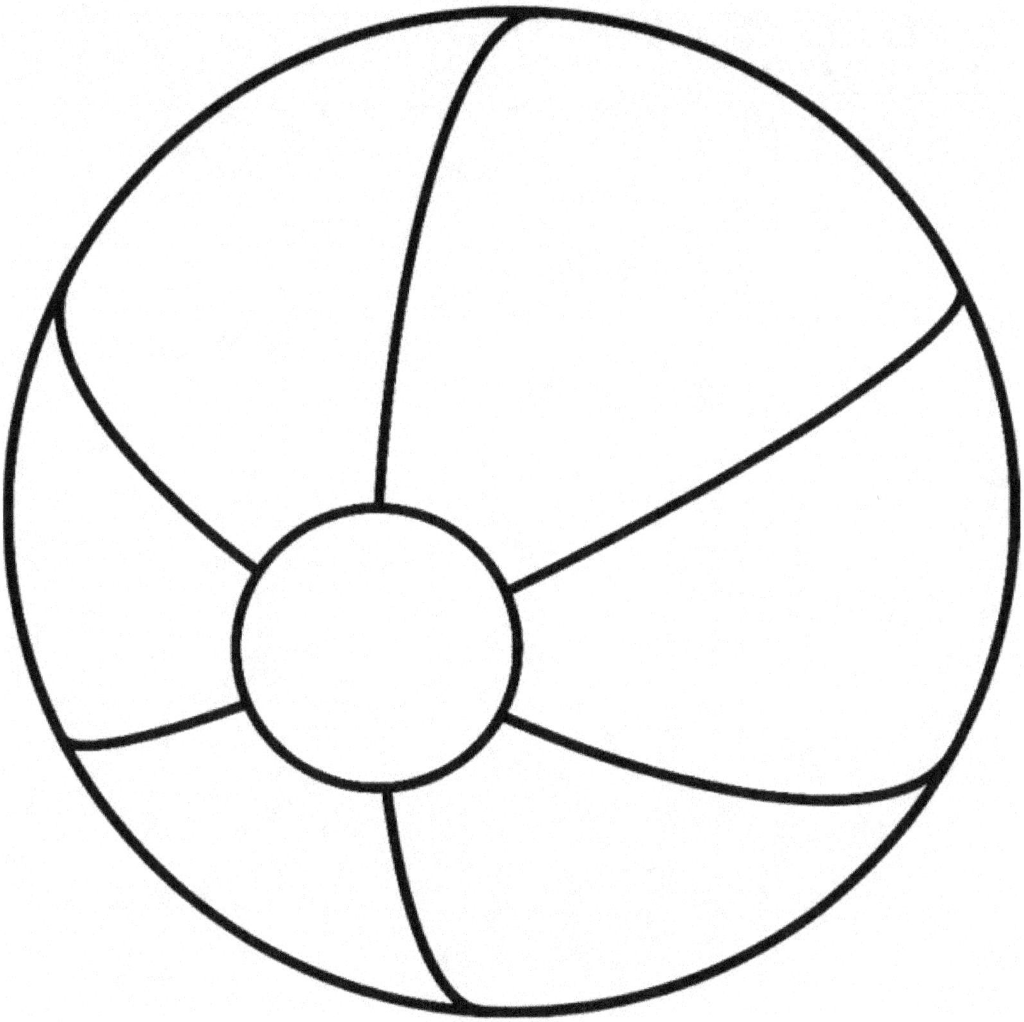

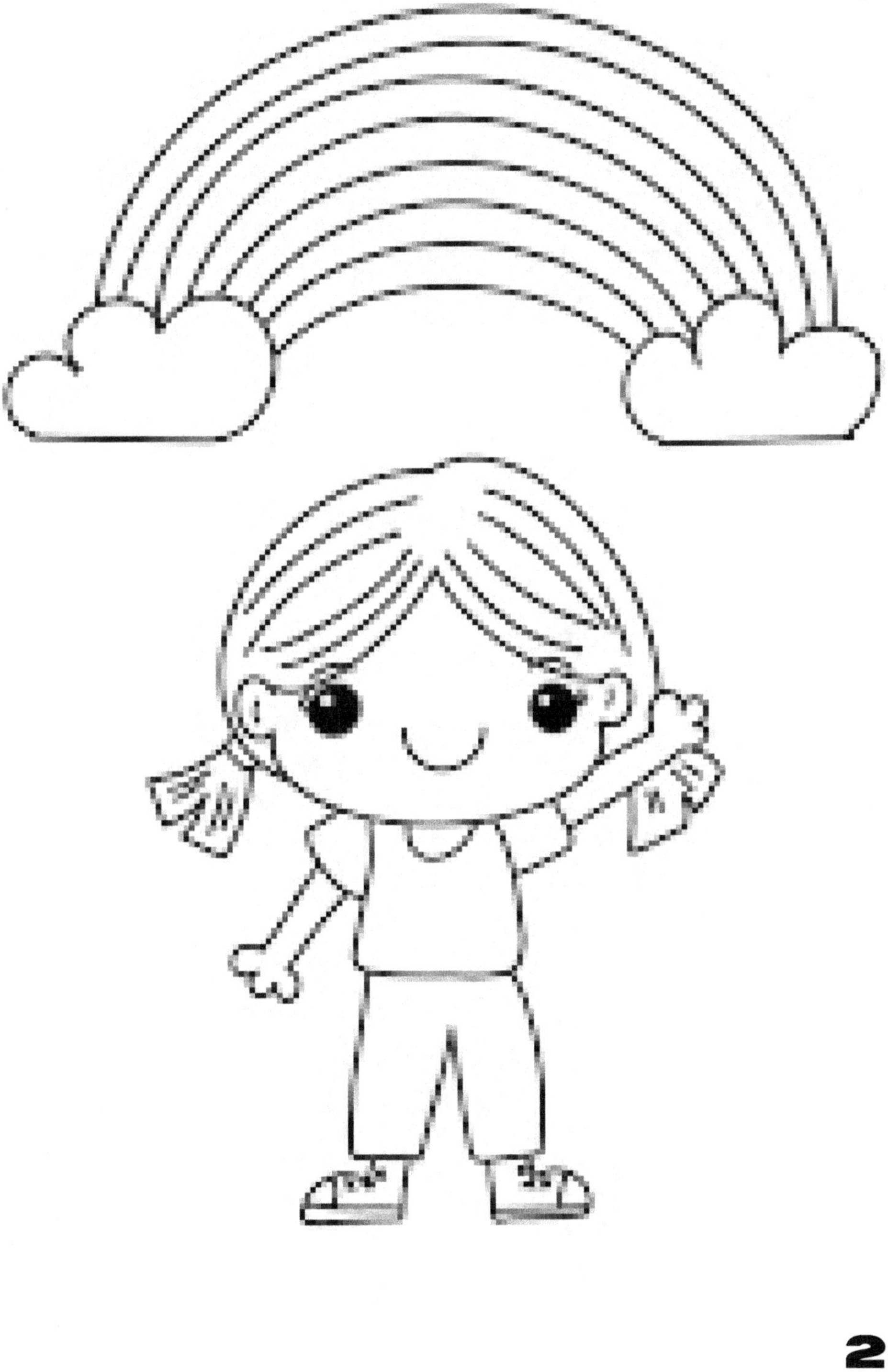

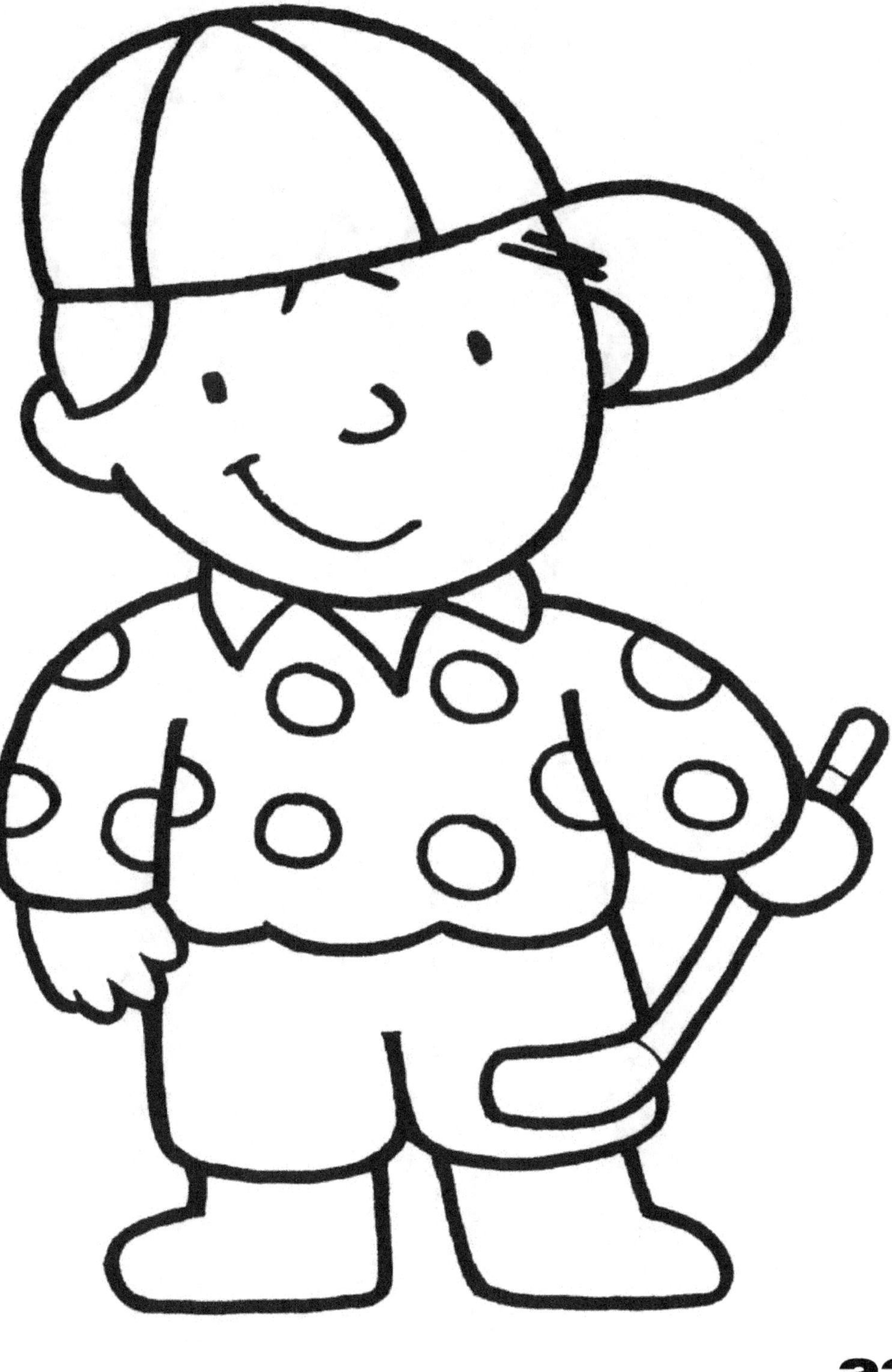

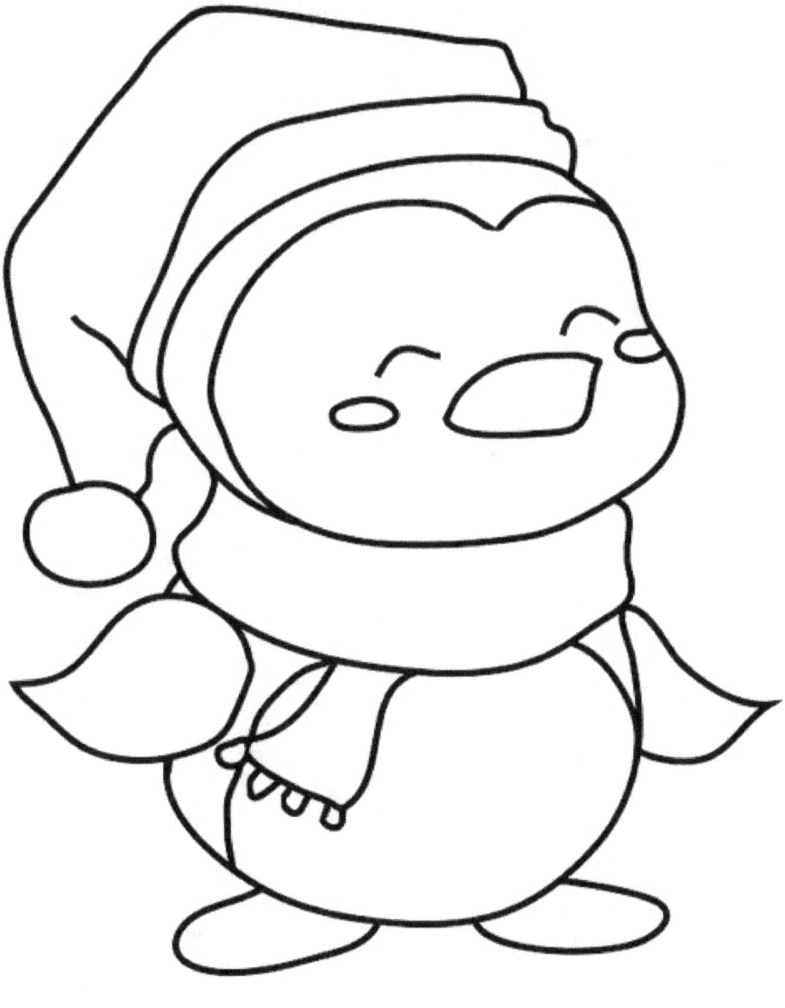

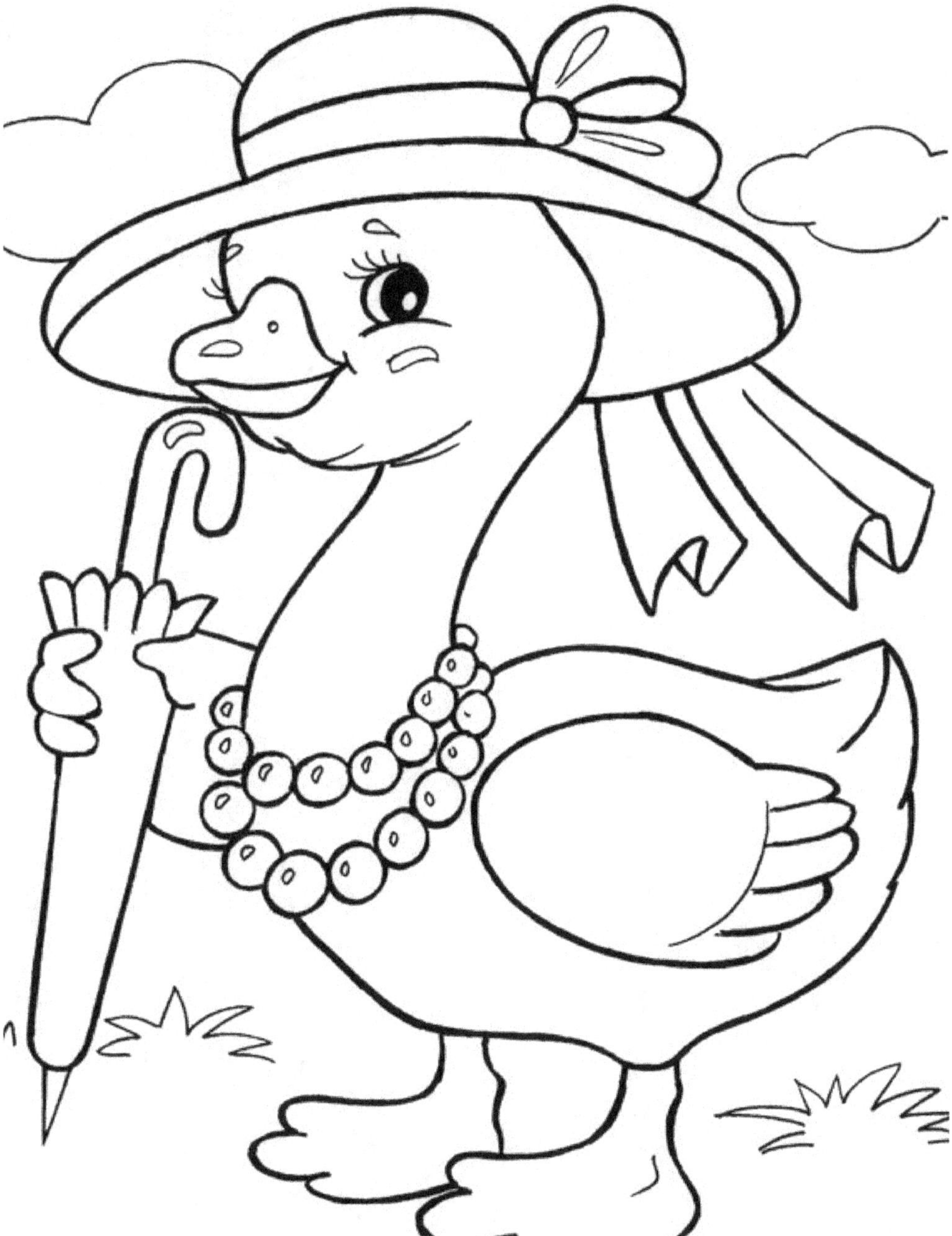

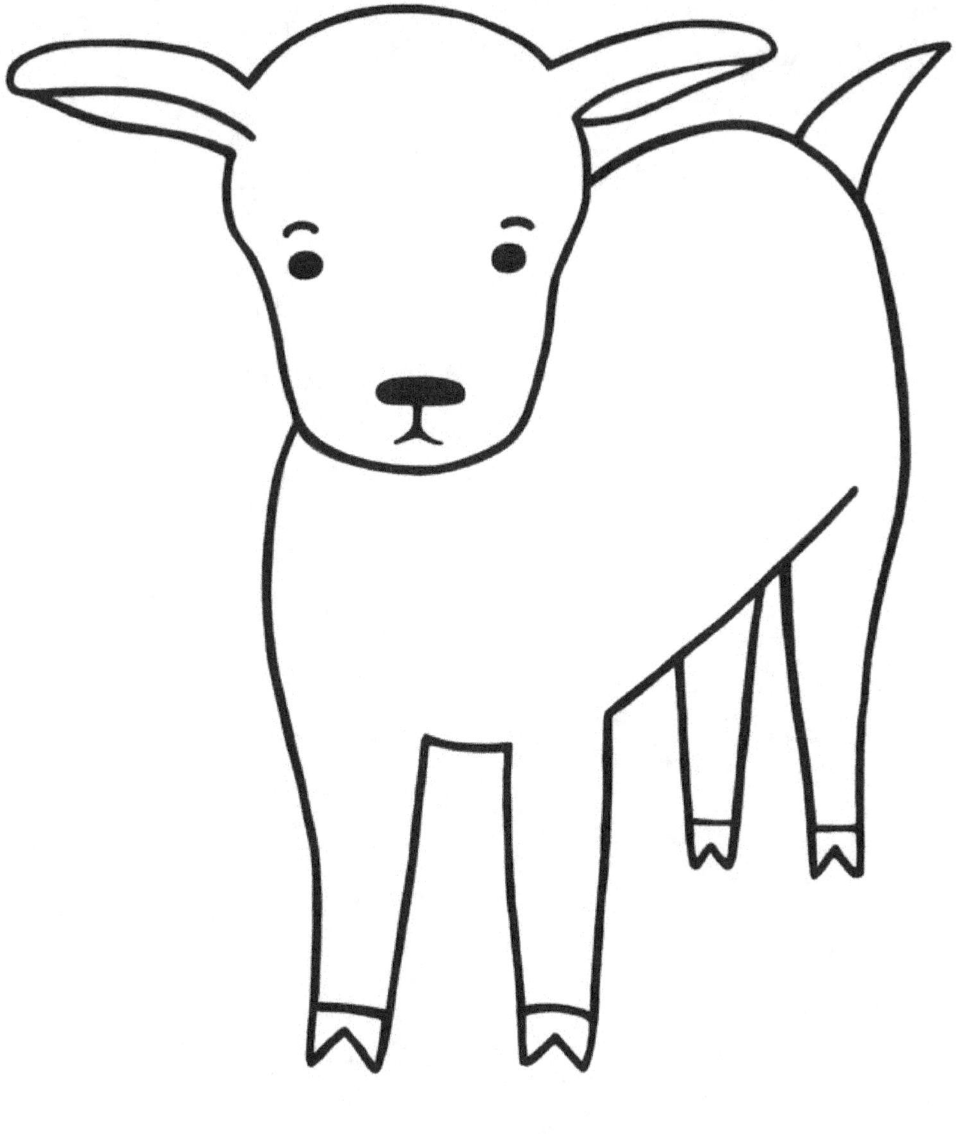

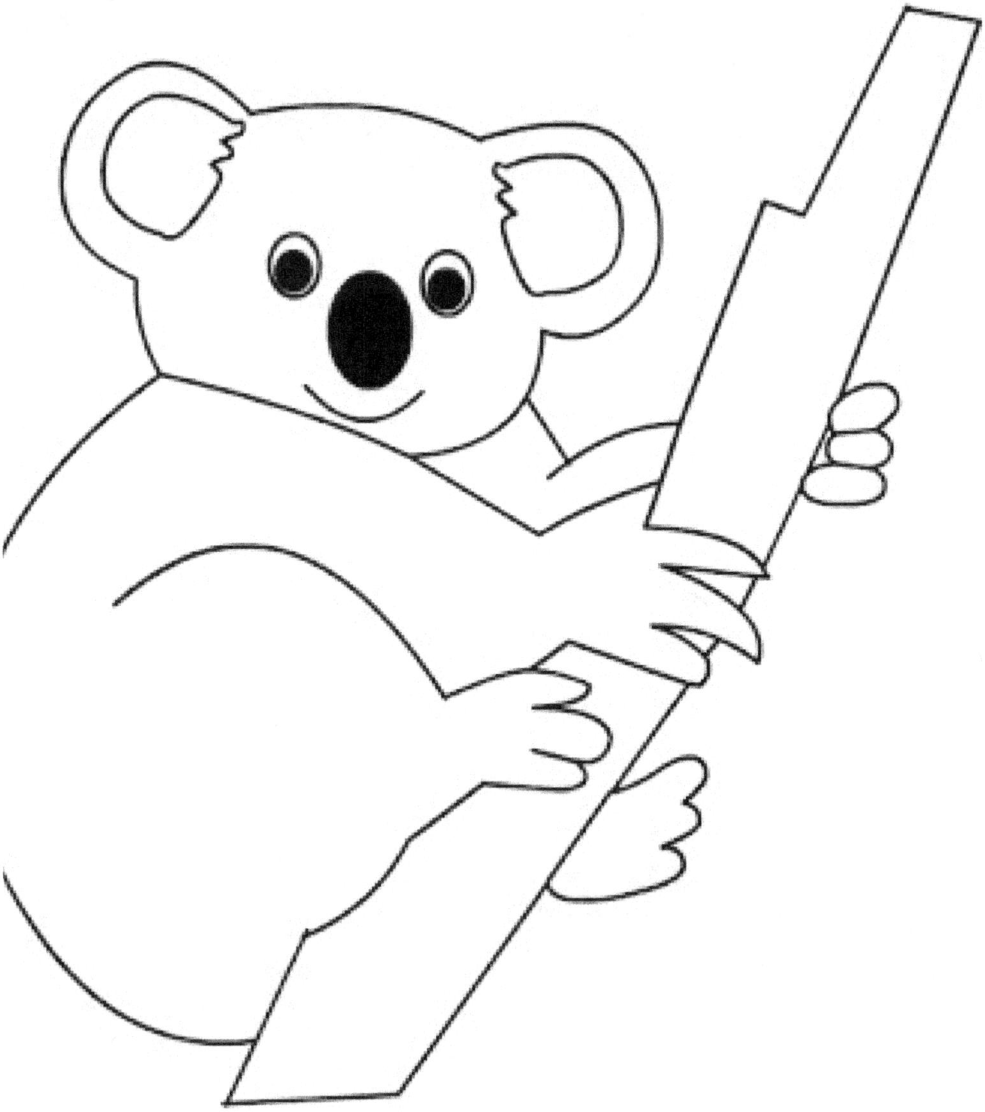

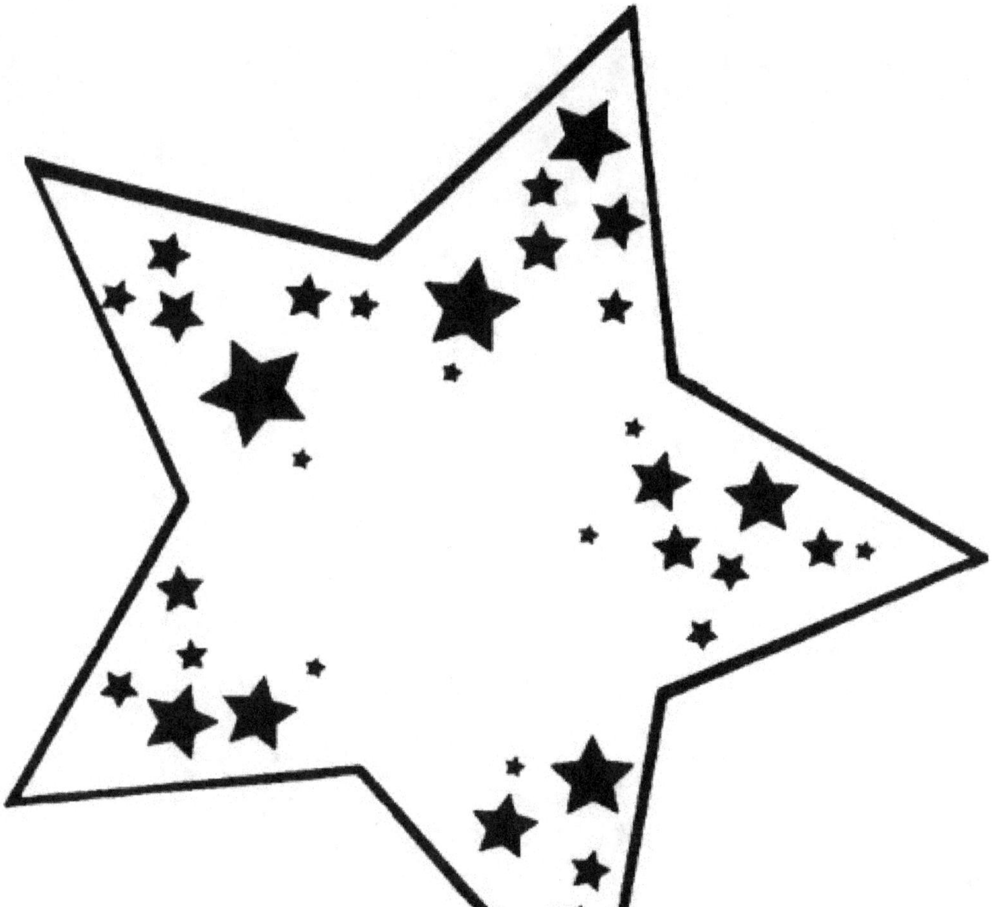

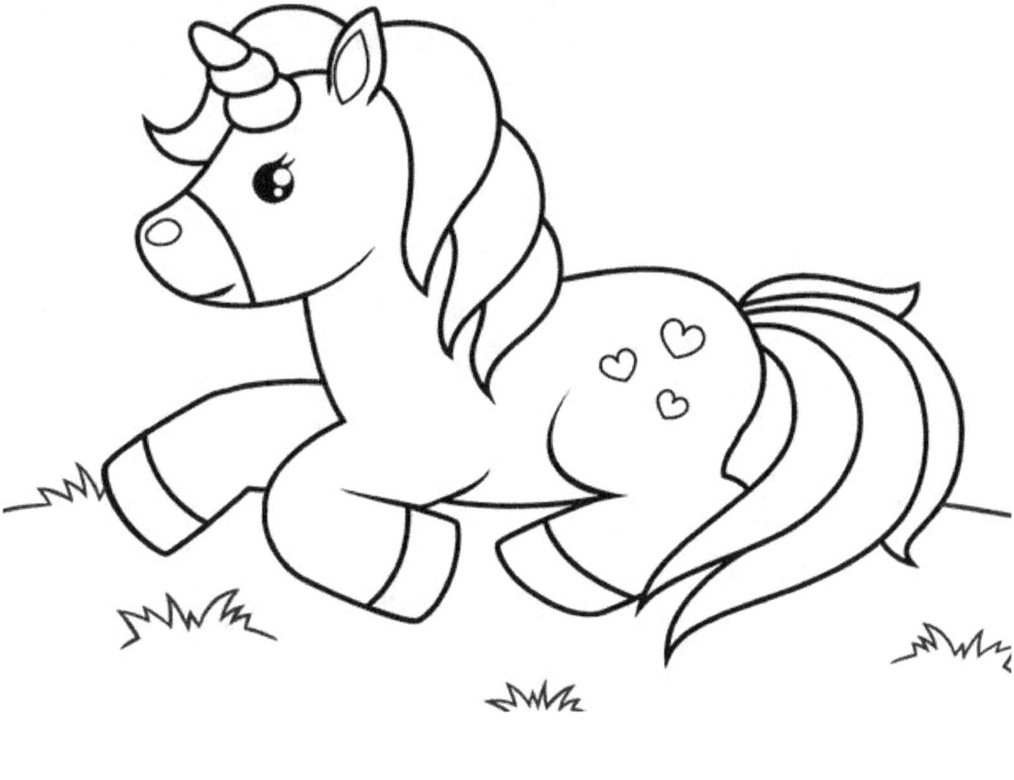

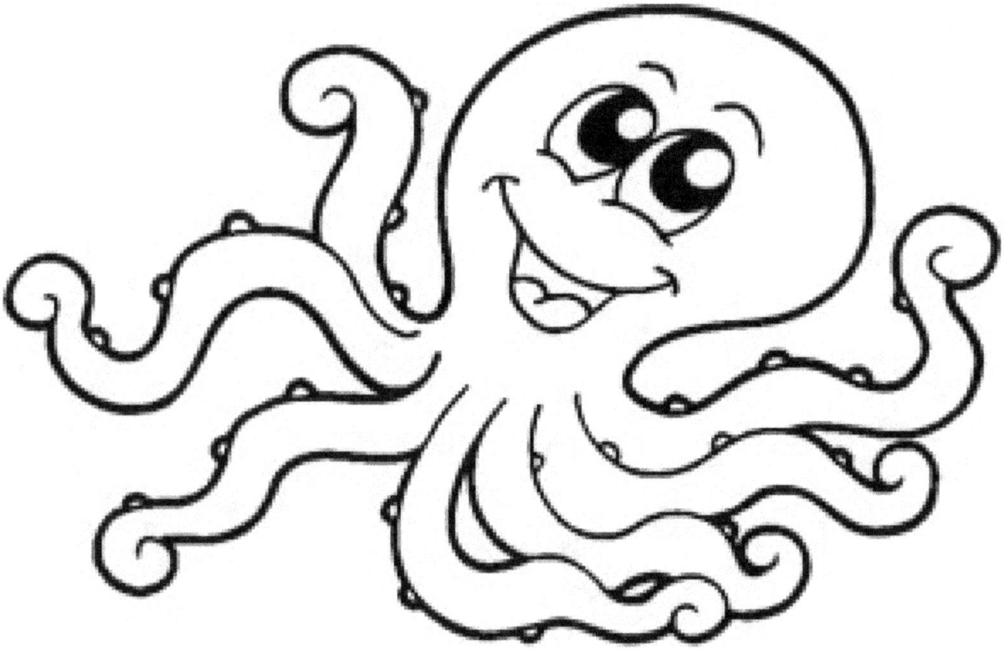

www.ingramcontent.com/pod-product-compliance
Lightning Source LLC
Chambersburg PA
CBHW081654220526
45466CB00009B/2754
* 9 7 9 8 5 8 4 3 2 5 1 4 5 *